簡化太極拳 2

楊式太極拳十三式

楊振鐸／編著

大展出版社有限公司

作者簡介

　　楊振鐸，1926 年 6 月出生，河北省永年縣人，現任中國武協教練委員會委員，山西省武協副主席，山西省楊式太極拳協會會長，國際楊式太極拳協會董事會主席。

　　楊振鐸係楊式太極拳創始人楊露禪之曾孫、楊式太極拳定型人楊澄甫之三子。自幼隨父兄習練楊式太極，勤奮好學，深得楊式太極家傳，功夫純正，爲楊式太極拳第四代傳人，在國內外武術界享有很高聲譽，1995 年當選爲中國當代「中華武林百傑」。經常應邀至世界各地授拳講學，深受國內外太極拳愛好者的歡迎。1986 年美國德克薩斯州聖東克里奧市授予他「榮譽市長」稱號，同年獲得美國特洛伊市長贈送的該市「金鑰匙」。

主要著作有《楊氏太極拳、劍、刀》《中國楊氏太極、太極名師精典》及錄影帶、VCD等，對弘揚太極拳有著突出的貢獻。

編者的話

　　太極拳是在中華民族博大精深的傳統文化中孕育、產生和發展起來的一種拳術，在我國有著廣泛和深厚的群眾基礎。特別是太極拳的修身養性、強身健體和祛病延年的功效，吸引了千千萬萬的愛好者，並透過習練而從中獲益。

　　在現代社會經濟高速發展的快節奏生活中，太極拳運動更有著不可低估的價值，它有利於練習者養成良好的生活習慣，增強自信，增進健康，緩解各種壓力，建立良好的人際關係，從而提升生活質量。為此，我社特邀目前國內太極拳六大門派的重要代表人物和傳人，編寫了這套簡化太極拳十三式叢書。

　　本著簡便、易行、有效的原則，這套叢書在保持了傳統套路的練習方法和練功要求的基礎上，對傳統套路順序的安排進行了精心選

編，選取了傳統套路中有代表性的動作，既合理科學，又簡便易學，並縮短了整個套路的練習時間，便於學練者掌握和練習。

由這套叢書的出版，我們衷心祝願廣大太極拳愛好者能夠堅持不懈、提高技藝、怡情益智，以飽滿的精神和充沛的體力投入學習和工作中，去享受生活的樂趣。

本書中的技術動作由楊振鐸先生演示。

目　　錄

楊式太極拳概要

一、楊式太極拳簡介

太極拳是中華民族傳統武術的珍貴遺產，它是武術也是醫術，更是具有豐富內涵的東方文化。

它融會陰陽八卦、五形學說哲理，博採各家武術精華，動作適應人體生理衛生。其動靜虛實之變化、剛柔內外之消長，與唯物辯證法闡明的矛盾相互依存、相互對立、相互轉化的規律相吻合，是體育運動中最適宜健身的具有科學原理的優秀拳種之一。

楊式太極拳架式舒展大方，動作簡潔柔和、速度緩慢均勻，動中有靜、柔中寓剛，以意形氣、以氣運身，內外相合、身心兼修；練法上由鬆入柔、剛柔相濟，形成獨特的風格，

老少皆宜。

它具有強身袪病之效，又是自衛技擊之術，經百餘年而不衰，而且隨著現代科學的不斷發展，日益呈現風行寰宇之勢。

二、楊式太極拳十三式簡介

楊式太極拳十三式，是為了適應當前廣大健身愛好者習練太極拳的要求而創編的，也可為今後習練傳統太極拳奠定基礎。

楊式太極拳十三式的編排，是根據傳統楊式太極拳宗師楊（公）澄甫拳勢，選出十三個式子編撰的。

由於式子少、套路短、無重複動作，所以便於學者在較短的時間裡學會習練太極拳。雖然一次演練的時間比較短，滿足不了人體所需的運動量，但如多次重複演練，也可得到習練太極拳應有的效果。

拳的編撰，以先易後難的原則進行編排。整個套路只有一個來回，去時大部分動作相對來說比較簡單，而在回來時其動作就有了一定難度，特別是攬雀尾，它是太極拳中的經典拳勢，雖然有一定難度，但在太極拳套路中，是絕不可沒有的。

套路中沒有卜勢動作與單腿直立動作，因下肢缺乏鍛鍊和沒有基礎的人，極不易掌握平

衡，故未列入。

　　套路的基本理論，是指導楊式太極拳健康發展的準繩。楊公澄甫宗師所著《太極拳術十要》和《太極拳之練習談》久經滄桑，至今仍然是指導楊式太極拳健康發展必須遵循的準則。常言不以規矩不能成方圓，前輩的經驗結晶，我等必須認真學習揣摩、反覆實踐，方能練習好拳，收到應有的鍛鍊效果。

三、楊式太極拳之練習談

永年楊公澄甫遺著

中國之拳術，雖派別繁多，但要知皆寓有哲理之技術，歷來古人窮畢生之精力，而不能盡其玄妙者，比比皆是，學者若費一日之功力，即得有一日之成效，日積月累，水到渠成。

太極拳，乃柔中寓剛、綿裡藏針之藝術，於技術上、生理上、力學上，有相當之哲理存焉。故研究此道者，須經過一定之程序與相當之時日，雖然良師之指導、好友之切磋固不可少，而最緊要者，是在逐日自身之鍛鍊。否則談論終日，思慕經年，一朝交手，空洞無物，依然是門外漢者，未有逐日功夫。

古人所謂，終思無益，不如學也。若能晨昏無間，寒暑不易，一經動念，即舉摹練，無論老幼男女，及其成功則一也。

近來研究太極拳者，由北而南，同志日增，不禁為武術前途喜。然同志中，專心苦練、誠心向學、將來不可限量者，固不乏人，

但普通不免入於兩途：

一則天才既具，年力又強，舉一反三，穎悟出群，惜乎稍有小成，便是滿足，遽然中輟，未能大受；

二則急求速效，忽略而成，未經一載，拳、劍、刀、槍皆已學全，雖能依樣葫蘆，而實際未得此中三昧，一經考究其方向動作、上下內外，皆未合度，如欲改正，則式式皆須修改，且朝經改正，而夕已忘卻。故常聞人曰：「習拳容易改拳難。」此語之來，皆由速成而致此。如此輩者，以誤傳誤，必致自誤誤人，最為技術前途憂者也。

太極拳開始，先練拳架。所謂拳架者，即照拳譜上各式名稱，一式一式由師指授，學者悉心靜氣，默記揣摩，而照行之，謂之練拳架子。此時學者應注意內外上下：屬於內者，即所謂用意不用力，下則氣沉丹田，上則虛靈頂勁；屬於外者，周身輕靈，節節貫串，由腳而腿而腰，沉肩屈肘等是也。初學之時，先此數句，朝夕揣摩，而體會之，一招一式，總須仔細推求，舉動練習，務求正確。習練既純，再求二式，於是逐漸而至於習完，如是則毋事改

正，日久亦不致更變要領也。

習練運行時，周身骨節，均須鬆開自然。其一，口腹不可閉氣；其二，四肢腰腿不可起強勁。此二句，學內家拳者，類能道之，但一舉動，一轉身，或踢腿擺腰，其氣喘矣，其身搖矣，其病皆由閉氣與起強勁也。

（一）摹練時頭部不可偏側與俯仰。所謂要「頂頭懸」，即若有物頂於頭上之意，切忌硬直，所謂懸字意義也。目光雖然向前平視，但有時當隨身法而轉移，視線雖屬空虛，但亦為變化中一緊要之動作，而補身法手法之不足也。口似開非開，似閉非閉，口呼鼻吸，任其自然。如舌下生津，當隨時咽入，勿吐棄之。

（二）身軀宜中正而不倚，脊梁與尾閭宜垂直而不偏。但遇開合變化時，有含胸拔背、沉肩轉腰之活用，初學時節須注意，否則日久難改，必流於板滯，功夫雖深，難以得益致用矣。

（三）兩臂骨節均須鬆開，肩應下垂，肘應微屈，掌宜微伸，手指微屈，以意運臂，以氣貫指，日積月累，內勁通靈，其玄妙自生矣。

（四）兩腿宜分虛實，起落猶似貓行。體重移於左者，則左實，而右腳謂之虛；移於右者，則右實，而左腳謂之虛。所謂虛者，非空，其勢仍未斷，而留有伸縮變化之餘意存焉。所謂實者，確實而已，非用勁過分、用力過猛之謂。故腿屈至垂直為準，逾此謂之過勁，身軀前撲，即失中正姿勢，敵得乘機攻矣。

（五）腳掌應分踢腿（譜上左右分腳或寫左右起腳）與蹬腳二式。踢腿時則注意腳尖，蹬腿時則注意全掌，意到而氣到，氣到而勁自到，但腿節均須鬆開平穩出之。此時最易起強勁，身軀波折而不穩，發腿亦無力矣。

太極拳之程序，先練拳架（屬於徒手），如太極拳、太極長拳；其次單手推挽、原地推手、活步推手、大捋、散手；再次則器械，如太極劍、太極刀、太極槍（十三槍）等是也。

練拳時間，每日起床後兩遍，若晨起無暇，則睡前兩遍。一日之中，應練七八遍，至少晨昏各一遍。但醉酒後，飽食後，皆宜避忌。

練習地點，以庭園與廳堂，能通空氣、多

光線者為相宜。忌直吹之烈風與有陰濕霉氣之
場所，因身體一經運動，呼吸定然深長，故烈
風與霉氣，如深入腹中，有害於肺臟，易致疾
病也。

　　練習之服裝，以寬大之中服短裝與闊頭之
布鞋為相宜。習練經時，如遇出汗，切忌脫衣
裸體，或行冷水揩抹，否則未有不罹疾病也。

四、楊式太極拳術十要

楊澄甫口授陳微明筆錄

（一）**虛靈頂勁**　頂勁者，頭容正直，神貫於頂也。不可用力，用力則項強，氣血不能流通，須有虛靈自然之意。非有虛靈頂勁之意，則精神不能提起也。

（二）**含胸拔背**　含胸者，胸略內含，使氣沉於丹田也。胸忌挺出，挺出則氣擁胸際，上重下輕，腳跟易於浮起。拔背者，氣貼於背也。能含胸則自然能拔背，能拔背則能力由脊發，所向無敵也。

（三）**鬆腰**　腰為一身之主宰，能鬆腰，然後兩足有力，下盤穩固；虛實變化皆由腰轉動，故曰：「命意源頭在腰隙。」有不得力必於腰腿求之也。

（四）**分虛實**　太極拳術以分虛實為第一義。如全身皆坐在右腿，則右腿為實，左腿為虛；全身皆坐在左腿，則左腿為實，右腿為虛。虛實能分，而後轉動輕靈，毫不費力；如不能分，則邁步重滯，自立不穩，而易為人所

牽動。

（五）沉肩墜肘　沉肩者，肩鬆開下垂也。若不能鬆垂，兩肩端起，則氣亦隨之而上，全身則不得力矣。墜肘者，肘往下鬆垂之意，肘若懸起，則肩不能沉，放人不遠，近於外家之斷勁矣。

（六）用意不用力　太極拳論云：此全是用意而不用力。練太極拳全身鬆開，不使有分毫之拙力，以留滯於筋骨血脈之間，以自束縛，然後能輕靈變化，圓轉自如。或疑不用力，何以能長力？蓋人身之有經絡，如地之有溝洫，溝洫不塞而水行，經絡不閉而氣通。如渾身僵勁充滿經絡，氣血停滯，轉動不靈，牽一髮而全身動矣。若不用力而用意，意之所至，氣即至焉，如是氣血流注，日日貫輸，周流全身，無時停滯。久久習練，則得真正內勁，即太極拳論中所云「極柔軟，然後能極堅剛」也。太極拳功夫純熟之人，臂膊如棉裹鐵，分量極沉。

（七）上下相隨　上下相隨者，即太極拳論中所云「其根在腳，發於腿，主宰於腰，形於手指，由腳而腿而腰，總須完整一氣」也。

手動、腰動、足動、眼神亦隨之動，如是方可謂之上下相隨。如有一不動，即散亂矣。

（八）內外相合　太極所練在神，故云「神為主帥，身為驅使」。精神能提得起，自然舉動輕靈。架子不外虛實開合。所謂開者，不但手腳開，心意亦與之俱開；所謂合者，不但手腳合，心意亦與之俱合。能內外合為一氣，則渾然無間矣。

（九）相連不斷　太極用意不用力，自始至終，綿綿不斷，周而復始，循環無窮。拳論所謂「如長江大河，滔滔不絕」，又曰「運勁如抽絲」，皆言其貫串一氣也。

（十）動中求靜　太極以靜御動，雖動猶靜，故練架子愈慢愈好。慢則呼吸深長，氣沉丹田，自無血脈僨張之弊。學者細心體會，庶可得其意焉。

楊式太極拳十三式
動作圖解

一、說　明

（一）為了表述清楚，圖像和文字對動作作了分解說明，打拳時應力求連貫銜接。

（二）在文字說明中，除特殊註明外，不論先寫或後寫身體的某一部分，各運動部位都要同時協調活動，不要先後割裂。

（三）方向轉變以人體為準標明前、後、左、右。必要時也假設以面向南起勢，註明東、南、西、北。

（四）圖上的線條是代表從這一動作到下一動作經過的路線和部位。左手左腳為虛線（┈┈┈►），右手右腳為實線（───►）。個別動作的線條受角度、方向等限制，可能不夠

詳盡，應以文字說明為準。

（五）某些背向、側向動作，增加了附圖，以便對照。

二、動作名稱

第一式　起勢

第二式　雲手

第三式　單鞭

第四式　肘底捶

第五式　白鶴亮翅

第六式　左摟膝拗步

第七式　手揮琵琶

第八式　高探馬穿掌

第九式　轉身撇身捶

第十式　進步搬攔捶

第十一式　上步攬雀尾

第十二式　十字手

第十三式　收勢

圖1

三、動作圖解

第一式　起　勢

動作一：

面向正南，身體自然直立。兩腳直向前左右分開，與肩同寬。兩臂自然下垂，手心向內，手指朝下。眼看前方，神情安舒（圖1）。

圖2

【要點】：

頭頸自然中正，下頦微收，不可故意挺胸
或收腹，精神要集中。

圖3

動作二：

　　兩臂內旋翻動，使手背朝前，手心向後，仍置兩胯旁，然後由下向前往上徐徐提起，與肩同寬，提至略與肩平，掌心向下，指尖朝前（圖2、3）。

圖4

動作三：

兩肘微屈，兩腕微伸，徐徐由上而下按至兩胯旁，掌心向下，指尖朝前。眼看前方（圖4）。

【要點】：

兩臂前平舉時，動作要輕緩，不可緊張用力；兩肘微屈下沉帶動兩掌下按至兩胯旁時要求墜肘、坐腕。

圖 5

第二式　雲　手

動作一：

　　屈右腿，重心右移；左腿成虛步，腳跟離
地。同時，兩臂轉動，右臂由下向左往上，至
胸部前，手心向裡；左臂變掌心向裡，置於左
胯前（圖 5）。

圖6

動作二：

　　用腰部帶動，向右轉體45°，重心右移坐
實；左腿前腳掌著地。同時，帶動右臂畫上
弧，朝內旋轉，變掌心側向外，畫至右側
45°；左臂畫弧至右腹前，掌心向裡。眼看右
手（圖6）。

圖7

動作三：

左腳向左跨步（約半步），左腳內側著地，腳尖朝前，重心移至左腿；右腿成虛步。用腰部帶動，向左轉體 90°。同時，兩臂隨轉體，左臂由右向左畫上弧，向內轉動變掌心向外，畫至左側 45°；右臂畫下弧，掌心向裡，置於腹前。眼看左手（圖7）。

圖 8

動作四：

重心移至左腿坐實，右腳微向左腳內側移步，右腿虛。同時，右手由腹前畫上弧至左胸前，手心向裡；左手由左側畫下弧，落於左腹前。眼看右手（圖 8、9）。

圖9

【要點】：

身體轉動要以腰為軸，鬆腰，鬆胯，兩臂
隨腰的轉動而運轉，要自然圓活，速度均勻。

圖 10

第三式　單　鞭

動作一：

　　右腳尖內扣（指向東南），重心移至右腿
坐實；左腿成虛步。身體右轉 90°至西南方。
同時，兩臂隨轉體，右臂由左向上、向右畫上
弧至右側 45°，右手變勾成吊手；左臂由下向
上至右胸前，掌心向裡（圖 10）。

圖11

動作二：

左腿屈膝提起向左前方邁步，腳跟先著地，然後逐漸踏實，重心左移，左腿屈膝前弓；右腿自然伸直，成左弓步。同時，左臂內旋，隨身體左轉由胸前向左前方推出，掌心向前，掌指向上。眼看左前方（圖11、12）。

圖 12

【要點】：

　　保持上體自然中正、平穩，兩肩要下沉，
兩腿的前撐後蹬要協調。

圖 13

第四式　肘底捶

動作一：

　　重心略向前移，右腳跟抬起。同時，左掌
變掌心向下成平掌；右吊手鬆開變掌，掌心向
下（圖 13）。

圖 14

動作二：

右腿屈膝抬起向前墊半步裡靠落下，前腳
掌著地，身體微向左轉。同時，左臂由前向左
下畫弧至左胯旁；右臂向左弧形平抹，置於身
體前方，高與肩平。眼看前方（圖 14）。

圖 15

動作三：

重心後移於右腿；左腿微向前伸，腳跟著
地，腳掌翹起成左虛步。身體微向右轉。同
時，左臂由下向上屈，用掌向上托起置於左胸
前，掌心向前，高與鼻平；右臂向裡平屈，右
掌變拳，回收於左肘下方，拳向裡扣，拳眼朝
上，拳心向裡。兩臂均成半圓形。眼看前方
（圖 15）。

【要點】：左腿前伸和兩臂的運轉要與
身體左右轉動協調一致。

圖 16

第五式　白鶴亮翅

動作一：

身體微向左轉，重心坐於右腿上。兩臂同時翻動，左臂內旋變掌，掌心向下，屈於胸前，含有擠意；右拳變掌外旋，掌心朝上，置於胸前。左掌位於右前臂內側，兩掌上下側對（圖16）。

圖 17

動作二：

重心於右腿坐實；左腳跟微抬起，前腳掌
著地成左虛步。同時，右掌向右、向上逐漸內
旋，經面前弧形舉至頭右上方，掌心向外，掌
指向左；左手由上往下經腹前按於左胯旁，掌
心向下，掌指向前，肘尖向後。面向正東，眼
看前方（圖 17）。

【要點】：

不要挺胸和突出臀部，兩臂上下都要保持
半圓形，形成上下對拉之勢。

圖 18

第六式　左摟膝拗步

動作一：

　　身體微向右轉。右臂外旋，掌心朝上，落
於面前；左臂微向上屈，掌心向下，屈至左胯
前（圖 18）。

圖 19

動作二：

身體右轉。同時，右掌由上向前、向下弧
形運轉至右側 45°，屈臂向上挑起，坐腕，掌
心向外；左掌由下向上弧行運轉至右胸前，掌
向裡扣，掌心向下。眼看右後方（圖 19）。

圖 20

動作三：

　身體微左轉。左腿屈膝提起向前邁步，腳
跟先著地，然後左腳逐漸踏實。同時，左手由
上向下、向前畫弧至左膝前，掌心向下，掌指

圖 21

朝前；右臂內旋裡屈，立掌在胸前，掌指朝
上，掌心向前（圖 20、21）。

圖 22

動作四：

身體左轉，重心前移。左腿屈膝前弓；右
腿自然伸直，成左弓步。同時，兩臂形成一推
一拉之勢，右手向正前方立掌推出，掌心向
前；左掌由前摟回至左膝旁，掌心向下，掌指
朝前。眼看前方（圖22）。

【要點】：

右掌推出時，須沉肩垂肘、坐腕舒掌，上
體不可前俯後傾，弓步、推掌與按掌要協調一
致。

圖 23

第七式　手揮琵琶

動作一：

重心前移，順勢提起右腳，向前墊半步，
前腳掌著地（圖 23）。

圖24

動作二：

　　右腳逐漸踏實，重心後移，坐實右腿；左
腳微抬起，腳跟著地，成左虛步。同時，左臂
外旋向前弧形挑舉於胸前，掌心向右，掌指向

圖 25

上，高與鼻平；右臂屈肘，由前向後收至右胸前，置於左肘內側，掌心向下。面向正東，眼看前方（圖24～26）。

圖 26

【要點】：

　重心移動時，注意上體的中正不偏，下肢平穩。兩臂一起一收，均應隨腰轉動，肩不可聳，肘也不得虛懸。

圖 27

第八式　高探馬穿掌

動作一：

重心不變。左腳由腳跟著地變為前腳掌著
地。同時，兩臂翻動，左掌外旋變掌心向上；
右臂微上抬，右掌掌心向下，掌向裡扣，置於
左胸前，兩掌心上下相對（圖27）。

圖 28

動作二：

　　兩腿原地不動。兩臂同時前後拉開，左臂
由前向後收至左腹側；右臂由裡向前直伸探出
，掌緣向前，掌心向下，高與肩平（以掌緣向
對方面部擊去，圖28）。

圖 29

動作三：

左腳微抬起向左邁步，腳跟先著地，然後逐漸踏實，重心左移，左腿屈膝前弓；右腿自然伸直，成左弓步。同時，右臂屈肘由前向裡收至左腋下，掌心朝下，掌指向左；左手由腹側經右前臂上方向前穿出，掌心向上，掌指朝前，腕與肩平。面向正東，眼看左方（圖29）。

【要點】：

兩腿的前弓後蹬一定要與兩臂的前伸後收上下協調，左右配合。

圖30

第九式　轉身撇身捶

動作一：

　　身體右轉，重心右移。左腳尖內扣，然後
重心移至左腿坐實；右腳以前腳掌為軸腳跟內
轉。同時，兩臂隨轉體，左臂內旋向上往裡微

圖 31

屈，呈弧形置於頭部上方，掌心向外；右掌下
落，置於腹前（圖 30、31）。

圖 32

動作二：

抬右腳向右前方邁出，右腳跟先著地。同時，左臂屈肘沉落坐腕至左肋旁，掌心向前；

圖33

右掌變拳由腹前向上、向右弧形撇出，拳背向
前，拳心向裡。面向正西，眼看右方（圖
32、33）。

圖 34

動作三：

右腳逐漸踏實，重心右移，右腿屈膝前弓；左腿自然伸直，成右弓步。同時，右拳由前向下畫弧收至右胯旁，拳心朝上；左掌向前推出，掌心向前，高與鼻平。面向正西，眼看右方（圖 34、附圖 34）。

附圖 34

【要點】：

邁步要輕靈平穩，上體要自然中正，左掌前推要沉肩垂肘，左臂微屈。

圖 35

第十式 進步搬攔捶

動作一：

身體左轉，重心左移，右腿成虛步。同
時，右臂內旋翻拳，拳心向下，隨轉體將拳由
下向前、向上扣出；左臂外旋屈肘，收回置於
胸前，掌心向上（圖35）。

圖36

動作二：

重心左移坐實，右腳稍向裡收，前腳掌著地。同時，右拳隨身體左轉由前向下、向左畫下弧至左胸前，拳心向下；左掌由胸前向下、向左畫下弧至左側方，掌心向外（圖36）。

圖 37

動作三：

右腳微抬起，在右前 45°處落腳，重心前移，身體右轉，坐實右腿；左腿成虛步，左腳微離地面。同時，兩臂隨身體右轉均畫上弧，

圖 38

右拳翻腕外搬置於右胸前，拳背朝下；左掌相
隨由左側向上、向前坐腕置於左胸前，掌心向
前。兩肘下垂（圖37、38）。

圖 39

動作四：

　　左腳向正前方邁出，腳跟先著地。同時，左掌稍向前推出；右臂由前向後屈肘，將右拳收至右胯旁，拳心朝上，拳眼向右（圖39）。

圖 40

動作五：

　　左腳逐漸踏實，重心左移，左腿屈膝前弓；右腿自然伸直，成左弓步。同時，右拳向前擊出，拳眼向上，拳面朝前；左掌收回置於右前臂內側坐腕，掌心向右，掌指向上。面向正西，眼看正前方（圖40）。

　　【要點】：

　　轉體邁步要中正、平穩，動作運轉輕靈圓活，弓腿、出拳、收掌要協調連貫。

圖 41

第十一式　上步攬雀尾

動作一：

重心略向後移，由腰帶動左腳掌向左撇開
45°。同時，左臂外旋，掌心向上；右臂內
旋，右拳鬆開變掌，掌心向下（圖41）。

圖42

動作二：

重心前移至左腿；右腿隨之向前邁出一步，腳跟先著地。同時，右掌外旋畫下弧至左腹前，掌心向上；左手內旋置於左前方，腕微坐，掌心向下。兩臂相合，兩掌上下側相對（圖42）。

圖 43

動作三：

右腳逐漸踏實，重心前移，右腿屈膝前弓；左腿自然伸直，成右弓步。同時，右臂由左向前、向上掤出，略高於胸，掌心向裡，肘略墜，掌指略高於肘；左掌略向裡收，置於右前臂下方，掌心向外，掌指距右前臂約一拳。面向正西，眼看右前方（圖43）。

【要點】：

向外掤出時，兩肩下沉，兩臂均成弧形，掤臂、鬆腰沉胯和弓腿三者必須協調一致。

圖44

動作四：

以腰帶臂，身體微右轉。同時，右手內旋，左手外旋，隨轉體向右45°引伸，變兩掌心相對，右掌心向外，左掌心向裡。面向西北（圖44）。

圖 45

動作五：

身體微左轉以腰帶動兩臂，隨轉體由右側經正前方挒至左側 45°。同時，逐漸將重心移至左腿坐實；變右腿為虛步。面向西南（圖45）。

【要點】：

挒時兩肩下沉，兩肘下垂，身體自然中正，重心後移，屈膝、鬆腰、轉體和兩手下挒要協調一致。

圖 46

動作六：

　　兩臂隨腰由左向右轉體的同時，右臂向裡
回收，屈於胸前，掌心向裡；左臂內旋，掌心
向外，左手扶在右前臂近腕處，略離掌跟（圖
46）。

圖47

動作七：

在轉體搭臂的同時，重心逐漸前移，右腿
屈膝前弓；左腿自然伸直，成右弓步。兩臂隨
即以右前臂外側為力點，向前擠出，左掌扶於
右前臂內側，高與胸平。面向正西，眼看前方
（圖47）。

【要點】：

向前擠時，肩不要聳起，臀部不要突出，
擠的動作要和鬆腰、沉胯、弓腿協調一致。

圖 48

動作八：

　　左掌沿右掌背弧形向前、向左平抹；右掌
向前伸出，隨即翻轉掌心向下。兩臂與胸同高
（圖 48）。

圖 49

動作九：

重心逐漸後移，坐實於左腿上；右腿微直。同時，兩臂屈肘，兩手收至胸前坐腕，掌心向前（圖49）。

圖 50

動作十：

重心逐漸前移，右腿屈膝前弓；左腿自然伸直，成右弓步。同時，兩掌向前按出，掌心向前，掌指向上，兩臂微屈，兩肘下垂。面向正西，眼看前方（圖 50）。

【要點】：

向前按出時，兩手應隨著鬆腰、沉髖、弓腿向前徐徐按出，沉肩垂肘。

攬雀尾的整個動作均以腰為軸，兩臂的運行須圓活自然，腿部的前弓後坐要穩健。

圖 51

第十二式　十字手

動作一：

兩掌微向裡合成弧形，重心略向後移，身
體微向左轉（圖51）。

圖 52

動作二：

重心後移至左腿，以腰帶動，身體左轉；右腳尖內扣 90°，腳向正南。同時，左掌由右向上、向左弧形運轉至身體左側，掌心斜向外。面向東南方，眼看左前方（圖 52）。

圖 53

動作三：

　　重心右移，右腿坐實；左腳跟微離地面，左腿成虛步。同時，兩手向下畫弧，掌心向裡（圖53）。

圖54

動作四：

右腿坐穩，左腳提起，收至右腳左側，腳
尖朝前，兩腳成小開立步，與肩同寬。同時，
兩臂隨同腰腿之轉變，由下往裡交叉抱於胸
前，右掌在外，左掌在內，掌心均向裡。面向
正南，眼看前方（圖54）。

【要點】：

兩掌分開和合抱均須圓滿舒適，沉肩垂
肘，上體不要前俯。

圖 55

第十三式　收　勢

動作一：

　　兩掌向外翻轉，向左右兩側分開，與肩同寬，掌心向下，掌指向前。兩腿微伸直。眼看前方（圖 55）。

圖 56

動作二：

　　兩腿起立站直，兩臂隨即下落於兩腿外側，掌心向下，指尖朝前。面向正南，眼看前方（圖 56）。

圖 57

動作三：

兩掌掌指下垂，眼看前方。恢復起勢之狀態（圖 57）。

【說明】：

簡化太極拳十三式，由於動作少，套路短，難度小，演練一遍僅用一分多鐘，是廣大愛好楊式太極拳者的入門教材。但此套路時間短、運動量小，不能滿足鍛鍊身體的需要，因此，可在演練此套路時增加演練次數，以提高鍛鍊之效果和勁力技擊之修練。

四、連續動作演示圖

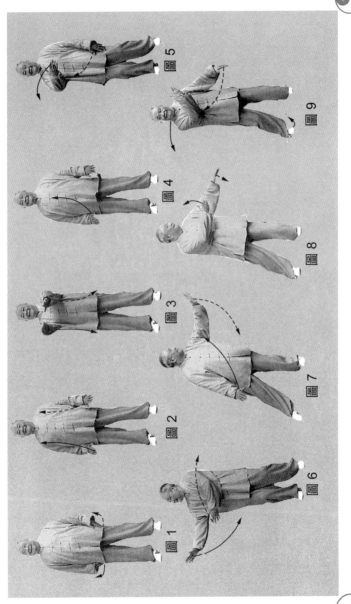

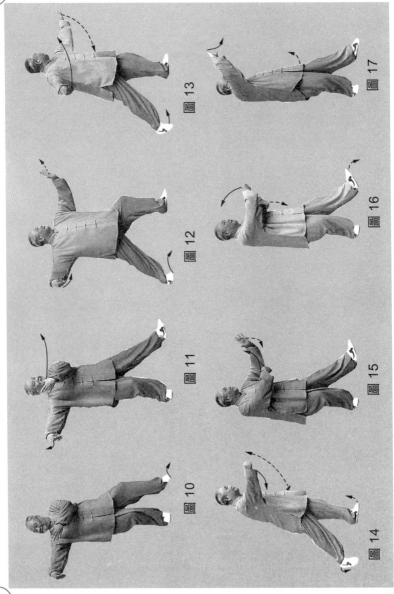

圖 13

圖 17

圖 12

圖 16

圖 11

圖 15

圖 10

圖 14

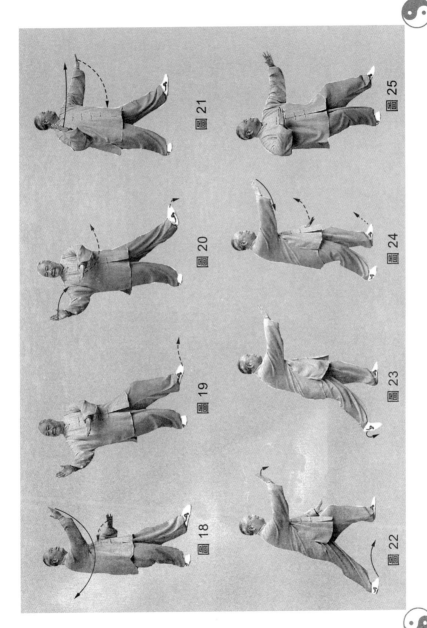

圖 18　圖 19　圖 20　圖 21

圖 22　圖 23　圖 24　圖 25

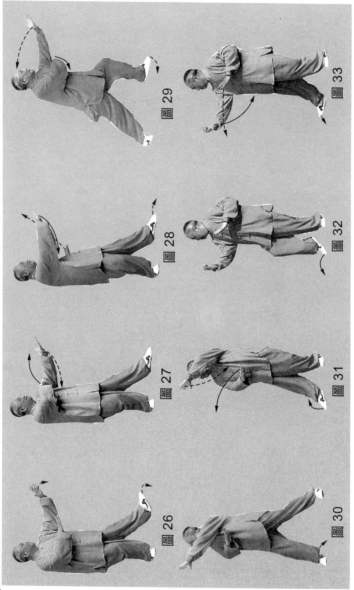

圖29

圖28

圖27

圖26

圖33

圖32

圖31

圖30

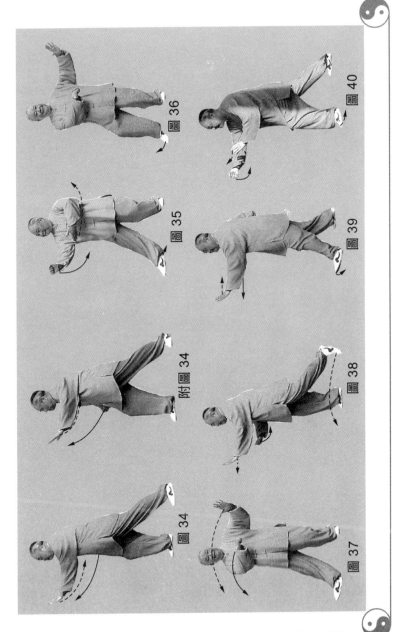

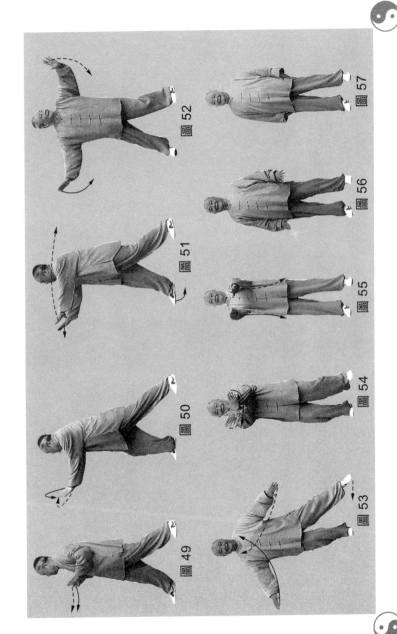

圖 57

圖 56

圖 55

圖 54

圖 53

圖 52

圖 51

圖 50

圖 49

五、動作路線示意圖

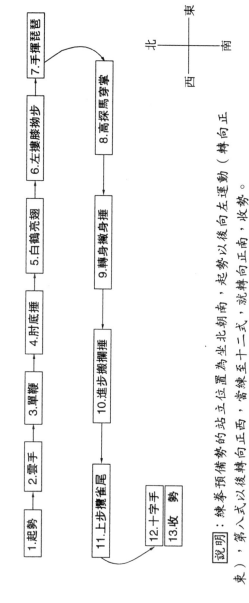

```
1.起勢 → 2.雲手 → 3.單鞭 → 4.肘底捶 → 5.白鶴亮翅 → 6.左摟膝拗步 → 7.手揮琵琶
                                                                        ↓
12.十字手   11.上步攬雀尾 ← 10.進步搬攔捶 ← 9.轉身撇身捶 ← 8.高探馬穿掌
13.收 勢
```

```
      北
西 ——┼—— 東
      南
```

說明：練拳預備勢的站立位置為坐北朝南，起勢以後向左運動（轉向正東），第八式以後轉向正西，當練至十二式，就轉向正南，收勢。一套演練完後，準備連續練習時，可在收勢的基礎上接做雲手動作，變收勢為起勢。

大展出版社有限公司
品冠文化出版社

圖書目錄

地址：台北市北投區(石牌)
致遠一路二段12巷1號
郵撥：01669551＜大展＞
19346241＜品冠＞

電話：(02)28236031
28236033
28233123
傳真：(02)28272069

・少 年 偵 探・品冠編號 66

・生 活 廣 場・品冠編號 61

4. 已知的他界科學	陳蒼杰譯	220 元
5. 開拓未來的他界科學	陳蒼杰譯	220 元
6. 世紀末變態心理犯罪檔案	沈永嘉譯	240 元
7. 366 天開運年鑑	林廷宇編著	230 元
8. 色彩學與你	野村順一著	230 元
9. 科學手相	淺野八郎著	230 元
10. 你也能成為戀愛高手	柯富陽編著	220 元
11. 血型與十二星座	許淑瑛編著	230 元
12. 動物測驗—人性現形	淺野八郎著	200 元
13. 愛情、幸福完全自測	淺野八郎著	200 元
14. 輕鬆攻佔女性	趙奕世編著	230 元
15. 解讀命運密碼	郭宗德著	200 元
16. 由客家了解亞洲	高木桂藏著	220 元

・女醫師系列・品冠編號 62

1. 子宮內膜症	國府田清子著	200 元
2. 子宮肌瘤	黑島淳子著	200 元
3. 上班女性的壓力症候群	池下育子著	200 元
4. 漏尿、尿失禁	中田真木著	200 元
5. 高齡生產	大鷹美子著	200 元
6. 子宮癌	上坊敏子著	200 元
7. 避孕	早乙女智子著	200 元
8. 不孕症	中村春根著	200 元
9. 生理痛與生理不順	堀口雅子著	200 元
10. 更年期	野末悅子著	200 元

・傳統民俗療法・品冠編號 63

1. 神奇刀療法	潘文雄著	200 元
2. 神奇拍打療法	安在峰著	200 元
3. 神奇拔罐療法	安在峰著	200 元
4. 神奇艾灸療法	安在峰著	200 元
5. 神奇貼敷療法	安在峰著	200 元
6. 神奇薰洗療法	安在峰著	200 元
7. 神奇耳穴療法	安在峰著	200 元
8. 神奇指針療法	安在峰著	200 元
9. 神奇藥酒療法	安在峰著	200 元
10. 神奇藥茶療法	安在峰著	200 元
11. 神奇推拿療法	張貴荷著	200 元
12. 神奇止痛療法	漆浩著	200 元

・常見病藥膳調養叢書・品冠編號 631

1. 脂肪肝四季飲食	蕭守貴著	200元
2. 高血壓四季飲食	秦玖剛著	200元
3. 慢性腎炎四季飲食	魏從強著	200元
4. 高脂血症四季飲食	薛輝著	200元
5. 慢性胃炎四季飲食	馬秉祥著	200元
6. 糖尿病四季飲食	王耀獻著	200元
7. 癌症四季飲食	李忠著	200元

・彩色圖解保健・品冠編號 64

1. 瘦身	主婦之友社	300元
2. 腰痛	主婦之友社	300元
3. 肩膀痠痛	主婦之友社	300元
4. 腰、膝、腳的疼痛	主婦之友社	300元
5. 壓力、精神疲勞	主婦之友社	300元
6. 眼睛疲勞、視力減退	主婦之友社	300元

・心 想 事 成・品冠編號 65

1. 魔法愛情點心	結城莫拉著	120元
2. 可愛手工飾品	結城莫拉著	120元
3. 可愛打扮 & 髮型	結城莫拉著	120元
4. 撲克牌算命	結城莫拉著	120元

・熱 門 新 知・品冠編號 67

1. 圖解基因與 DNA	（精）	中原英臣 主編	230元
2. 圖解人體的神奇	（精）	米山公啟 主編	230元
3. 圖解腦與心的構造	（精）	永田和哉 主編	230元
4. 圖解科學的神奇	（精）	鳥海光弘 主編	230元
5. 圖解數學的神奇	（精）	柳谷晃 著	250元
6. 圖解基因操作	（精）	海老原充 主編	230元
7. 圖解後基因組	（精）	才園哲人 著	230元

・法律專欄連載・大展編號 58

台大法學院　　　　法律學系／策劃
　　　　　　　　　法律服務社／編著

1. 別讓您的權利睡著了⑴	200元
2. 別讓您的權利睡著了⑵	200元

・武 術 特 輯・大展編號 10

1. 陳式太極拳入門	馮志強編著	180元

46. <珍貴本>陳式太極拳精選	馮志強著	280 元
47. 武當趙保太極拳小架	鄭悟清傳授	250 元
48. 太極拳習練知識問答	邱丕相主編	220 元
49. 八法拳 八法槍	武世俊著	220 元
50. 地趟拳＋VCD	張憲政著	350 元
51. 四十八式太極拳＋VCD	楊　靜演示	400 元
52. 三十二式太極劍＋VCD	楊　靜演示	350 元
53. 隨曲就伸 中國太極拳名家對話錄	余功保著	300 元
54. 陳式太極拳五動八法十三勢	闞桂香著	200 元

・彩色圖解太極武術・ 大展編號 102

1. 太極功夫扇	李德印編著	220 元
2. 武當太極劍	李德印編著	220 元
3. 楊式太極劍	李德印編著	220 元
4. 楊式太極刀	王志遠著	220 元
5. 二十四式太極拳(楊式)＋VCD	李德印編著	350 元
6. 三十二式太極劍(楊式)＋VCD	李德印編著	350 元
7. 四十二式太極劍＋VCD	李德印編著	
8. 四十二式太極拳＋VCD	李德印編著	

・國際武術競賽套路・ 大展編號 103

1. 長拳	李巧玲執筆	220 元
2. 劍術	程慧琨執筆	220 元
3. 刀術	劉同為執筆	220 元
4. 槍術	張躍寧執筆	220 元
5. 棍術	殷玉柱執筆	220 元

・簡化太極拳・ 大展編號 104

1. 陳式太極拳十三式	陳正雷編著	200 元
2. 楊式太極拳十三式	楊振鐸編著	200 元
3. 吳式太極拳十三式	李秉慈編著	200 元
4. 武式太極拳十三式	喬松茂編著	200 元
5. 孫式太極拳十三式	孫劍雲編著	200 元
6. 趙堡式太極拳十三式	王海洲編著	200 元

・中國當代太極拳名家名著・ 大展編號 106

1. 太極拳規範教程	李德印著	550 元
2. 吳式太極拳詮真	王培生著	500 元
3. 武式太極拳詮真	喬松茂著	

·名師出高徒· 大展編號 111

1.	武術基本功與基本動作	劉玉萍編著	200 元
2.	長拳入門與精進	吳彬等著	220 元
3.	劍術刀術入門與精進	楊柏龍等著	220 元
4.	棍術、槍術入門與精進	邱丕相編著	220 元
5.	南拳入門與精進	朱瑞琪編著	220 元
6.	散手入門與精進	張山等著	220 元
7.	太極拳入門與精進	李德印編著	280 元
8.	太極推手入門與精進	田金龍編著	220 元

·實用武術技擊· 大展編號 112

1.	實用自衛拳法	溫佐惠著	250 元
2.	搏擊術精選	陳清山等著	220 元
3.	秘傳防身絕技	程崑彬著	230 元
4.	振藩截拳道入門	陳琦平著	220 元
5.	實用擒拿法	韓建中著	220 元
6.	擒拿反擒拿 88 法	韓建中著	250 元
7.	武當秘門技擊術入門篇	高翔著	250 元
8.	武當秘門技擊術絕技篇	高翔著	250 元

·中國武術規定套路· 大展編號 113

1.	螳螂拳	中國武術系列	300 元
2.	劈掛拳	規定套路編寫組	300 元
3.	八極拳	國家體育總局	250 元

·中華傳統武術· 大展編號 114

1.	中華古今兵械圖考	裴錫榮主編	280 元
2.	武當劍	陳湘陵編著	200 元
3.	梁派八卦掌（老八掌）	李子鳴遺著	220 元
4.	少林 72 藝與武當 36 功	裴錫榮主編	230 元
5.	三十六把擒拿	佐藤金兵衛主編	200 元
6.	武當太極拳與盤手 20 法	裴錫榮主編	220 元

·少 林 功 夫· 大展編號 115

1.	少林打擂秘訣	德虔、素法編著	300 元
2.	少林三大名拳 炮拳、大洪拳、六合拳	門惠豐等著	200 元
3.	少林三絕 氣功、點穴、擒拿	德虔編著	300 元
4.	少林怪兵器秘傳	素法等著	250 元
5.	少林護身暗器秘傳	素法等著	220 元

6. 少林金剛硬氣功	楊維編著	250 元
7. 少林棍法大全	德虔、素法編著	250 元
8. 少林看家拳	德虔、素法編著	250 元
9. 少林正宗七十二藝	德虔、素法編著	280 元
10. 少林瘋魔棍闡宗	馬德著	250 元

·原地太極拳系列· 大展編號 11

1. 原地綜合太極拳 24 式	胡啟賢創編	220 元
2. 原地活步太極拳 42 式	胡啟賢創編	200 元
3. 原地簡化太極拳 24 式	胡啟賢創編	200 元
4. 原地太極拳 12 式	胡啟賢創編	200 元
5. 原地青少年太極拳 22 式	胡啟賢創編	220 元

· 道 學 文 化 · 大展編號 12

1. 道在養生：道教長壽術	郝勤等著	250 元
2. 龍虎丹道：道教內丹術	郝勤著	300 元
3. 天上人間：道教神仙譜系	黃德海著	250 元
4. 步罡踏斗：道教祭禮儀典	張澤洪著	250 元
5. 道醫窺秘：道教醫學康復術	王慶餘等著	250 元
6. 勸善成仙：道教生命倫理	李剛著	250 元
7. 洞天福地：道教宮觀勝境	沙銘壽著	250 元
8. 青詞碧簫：道教文學藝術	楊光文等著	250 元
9. 沈博絕麗：道教格言精粹	朱耕發等著	250 元

· 易 學 智 慧 · 大展編號 122

1. 易學與管理	余敦康主編	250 元
2. 易學與養生	劉長林等著	300 元
3. 易學與美學	劉綱紀等著	300 元
4. 易學與科技	董光壁著	280 元
5. 易學與建築	韓增祿著	280 元
6. 易學源流	鄭萬耕著	280 元
7. 易學的思維	傅雲龍等著	250 元
8. 周易與易圖	李申著	250 元
9. 中國佛教與周易	王仲堯著	350 元
10. 易學與儒學	任俊華著	350 元
11. 易學與道教符號揭秘	詹石窗著	350 元

· 神 算 大 師 · 大展編號 123

1. 劉伯溫神算兵法	應涵編著	280 元
2. 姜太公神算兵法	應涵編著	280 元

國家圖書館出版品預行編目資料

楊式太極拳十三式／楊振鐸　編著
　　　——初版，——臺北市，大展，2004〔民93〕
　　　面；21公分，——（簡化太極拳；2）
　　　ISBN 957-468-271-4（平裝）

1.太極拳

528.972　　　　　　　　　　　　　92020158

楊式太極拳十三式

ISBN 957-468-271-4

編　　著／楊振鐸
責任編輯／李彩玲
發 行 人／蔡森明
出 版 者／大展出版社有限公司
社　　址／台北市北投區（石牌）致遠一路2段12巷1號
電　　話／（02）28236031・28236033・28233123
傳　　眞／（02）28272069
郵政劃撥／01669551
網　　址／www.dah-jaan.com.tw
E－mail／dah_jaan@pchome.com.tw
登 記 證／局版臺業字第2171號
承 印 者／高星印刷品行
裝　　訂／協億印製廠股份有限公司
排 版 者／弘益電腦排版有限公司
初版1刷／2004年（民93年）2月

定　價／200元

●本書若有破損、缺頁敬請寄回本社更換●